LE PROJET DE LOI

SUR

LES DÉLÉGUÉS MINEURS

PAR

CH. GOMEL

ANCIEN MAITRE DES REQUÊTES AU CONSEIL D'ÉTAT

PARIS
LIBRAIRIE GUILLAUMIN ET Cie
14, RUE RICHELIEU, 14

1887

LE PROJET DE LOI

SUR

LES DÉLÉGUÉS MINEURS

PAR

CH. GOMEL

ANCIEN MAITRE DES REQUÊTES AU CONSEIL D'ÉTAT

PARIS
LIBRAIRIE GUILLAUMIN ET Cie
14, RUE RICHELIEU, 14

1887

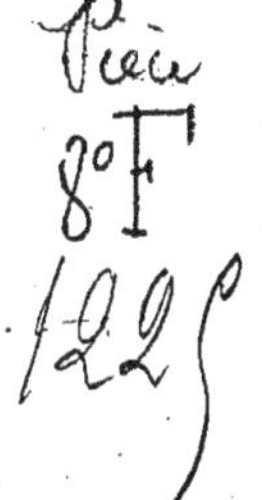

LE PROJET DE LOI

SUR

LES DÉLÉGUÉS MINEURS

Malgré les étonnants progrès que la science a réalisés de nos jours, il n'y a peut-être pas d'industrie où la main-d'œuvre ait conservé une importance plus grande que dans l'industrie des mines. Sans doute on dispose aujourd'hui de moyens mécaniques bien plus puissants qu'autrefois pour creuser des puits d'une profondeur de 500 et 600 mètres, pour combattre l'invasion des eaux, évacuer les gaz délétères ou explosifs, renouveler l'air constamment jusqu'aux extrémités des plus longues galeries, enfin pour assurer la circulation rapide des ouvriers et le transport économique des produits abattus. Mais d'autre part il faut reconnaître qu'en dépit des précautions les plus grandes, des accidents, dont quelques-uns déjouent la prudence humaine, se produisent parfois, et que la nature du travail souterrain est telle, que l'industrie extractive présentera toujours certains périls pour ceux qui s'y livrent. Aussi a-t-on considéré jusqu'à présent que dans cette industrie la direction doit être confiée à des hommes ayant une grande compétence technique, que leur autorité doit être incontestée et qu'une parfaite discipline doit régner parmi les ouvriers. C'est conformément à ces idées que sont organisées en France les exploitations minières.

Entre telle exploitation et telle autre il existe certes des différences ; cependant on peut dire, d'une façon générale, que l'organisation d'une mine est dans notre pays la suivante : la conduite des travaux et la gestion commerciale appartiennent à un directeur ; il a sous ses ordres des ingénieurs et des sous-ingénieurs entre lesquels est divisée la mine ; chaque division est partagée en un certain nombre de sections où commandent autant de maîtres mineurs, enfin les sections sont surveillées par des porions, aides-porions et chefs de poste. Les directeurs et ingénieurs sortent presque tous des écoles du gouvernement : École des mines de Saint-Étienne, École centrale des arts et manufactures ou École supérieure des mines. Quant au personnel de surveillance, il a une double origine : les plus nombreux, parmi les maîtres mineurs, porions et chefs de poste, sont d'anciens ouvriers mineurs, qui par leur intelligence et leur bonne conduite ont gagné la confiance de leurs chefs; les autres sortent des écoles de maîtres-mineurs d'Alais ou de Douai. Surveillants et ingénieurs, tous vivent comme les ouvriers dans la mine et ils sont exposés aux mêmes dangers ; mieux que les ouvriers ils connaissent la mine, et ils savent les précautions qu'exige l'intérêt commun ; une de leurs principales préoccupations est de lutter contre la tendance qu'ont beaucoup de mineurs à commettre des imprudences, et s'ils viennent à constater dans une galerie, dans une excavation quelque chose d'anormal, ils s'empressent de prendre les mesures que leur expérience leur suggère.

Au surplus, le législateur ne s'en est pas simplement remis à la vigilance des exploitants et au souci qu'ils ont de sauvegarder à la fois leurs richesses minérales et la vie de leurs ouvriers. La surveillance de l'exploitation des mines est, on le sait, confiée à l'Administration. En vertu de la loi du 21 avril 1810, la surveillance administrative a un triple objet : la conservation des gîtes, la protection de la surface et la protection du personnel employé dans les mines. Elle est exercée par les inspecteurs généraux, les ingénieurs en chef et les ingénieurs ordinaires des mines, et par d'autres fonctionnaires sous leurs ordres, appelés gardes-mines. Des pouvoirs très larges leur appartiennent en vue de garantir la sécurité des mineurs ; les décrets du 3 janvier 1813 et du 25 septembre 1882, ainsi que l'ordonnance du 26 mars 1843, leur attribuent le droit de police le plus étendu. Des obligations très strictes sont en outre imposées aux exploitants, à l'effet de porter à la connaissance des ingénieurs toutes les circonstances concernant la sûreté des ouvriers. Enfin les règlements intérieurs que rédigent les propriétaires de mines, conformément aux indications qui leur sont fournies par des circulaires ministérielles, et que l'approbation préfectorale transforme en arrêtés administratifs obligatoires, constituent une protection efficace pour la population minière.

Chez aucune autre nation, le système des précautions administratives n'est aussi complet ; en tout cas, il n'a nulle part ailleurs donné d'aussi heureux résultats. En effet, un état des accidents survenus dans les mines de divers pays de 1871 à 1880, état rédigé par M. Hasslacher, conseiller des mines de Prusse, prouve que le nombre des ouvriers tués n'a été en France que de 1 sur 451, tandis qu'il a atteint 1 sur 295 en Saxe, 1 sur 345 en Prusse, 1 sur 414 en Belgique, et 1 sur 424 en Angleterre. D'après une statistique dressée par un de nos ingénieurs les plus compétents, M. Vuillemin, les accidents arrivés dans les mines anglaises de 1873 à 1882 auraient causé la mort d'un ouvrier sur 458, alors qu'il n'y aurait eu qu'un ouvrier tué sur 628 dans les houillères françaises du Nord et du Pas-de-Calais. Enfin, la dernière statistique officielle pour 1884 établit que sur 121,062 ouvriers employés dans nos mines, tant à l'intérieur qu'à l'extérieur, il n'y a eu que 184 tués, soit 1 sur 659 ouvriers. De même, le nombre des blessés par suite d'accidents dans les mines est chez nous relativement peu élevé ; il n'a pas dépassé en 1884 la proportion de 1 sur 127 ouvriers. Cette proportion va du reste en s'améliorant : ainsi elle était de 1 sur 105 en 1880 et de 1 sur 53 en 1874. Le nombre des mineurs qui succombent à la suite d'accidents diminue également : par 10,000 ouvriers, il y a eu 23 morts en 1872, 21 en 1877, 17 en 1880 et 15 en 1884. Cela fait honneur non seulement à l'administration qui est investie de la haute surveillance sur les mines, mais encore et surtout à la sollicitude des exploitants pour leur personnel, sollicitude dont témoignent au surplus les nombreuses institutions de secours qui fonctionnent dans les principaux centres miniers.

En définitive, l'industrie minérale est loin d'être, du moins en France, l'industrie la plus dangereuse ; le préjugé qui tend à répandre l'opinion contraire ne repose sur rien de sérieux et n'est que l'écho de pures déclamations. Il y a une foule d'industries, celles notamment de la grande pêche, de la marine marchande, de la verrerie, des scieries mécaniques, des fonderies et ateliers où l'on travaille les métaux, qui sont infiniment plus meurtrières pour les ouvriers. Celle des chemins de fer elle-même fait beaucoup plus de victimes parmi les agents des Compagnies. Ainsi, sur 131,500 personnes environ qui en 1883 ont été employées par les six grandes Compagnies dans les services de la traction et du matériel, de la voie et des bâtiments, on a compté 247 tués et 744 blessés, soit 1 agent tué sur 530 et 1 blessé sur 177.

Aussi le personnel occupé dans les travaux des mines se recrute-t-il facilement. Le nombre des ouvriers mineurs a doublé depuis 1860; ils étaient alors 60,821, en 1870 on en comptait déjà 23,000 de plus, et maintenant ils atteignent le chiffre de 120,000. C'est une preuve évidente que la population ouvrière ne trouve l'industrie minérale ni très pénible, ni particulièrement dangereuse.

Il est vrai que malgré les précautions prises et en dépit du soin avec lequel les Compagnies minières essaient de prévenir des explosions qui les ruinent, le terrible grisou cause parfois de véritables catastrophes. C'est ainsi que la récente explosion survenue dans la mine de Beaubrun, près de Saint-Etienne, a fait 80 victimes. Mais des événements semblables sont heureusement rares en France ; il ne s'en est produit que trois au cours des vingt dernières années : une à Blanzy en 1867, deux au puits Jabin en 1871 et 1876. Quant à celle qui vient d'avoir lieu au puits Chatelus, elle paraît être une conséquence des tremblements de terre que l'on a ressentis dans le Midi de la France. En somme, il résulte des statistiques officielles que le nombre des victimes du grisou tend à diminuer, malgré l'augmentation du chiffre des ouvriers. Ainsi, ce gaz a causé la mort de 362 mineurs pendant les huit années qui ont précédé 1876, et celle de 194 ouvriers pendant les huit années qui ont suivi cette date. Enfin, il n'y a que certaines mines qui soient grisouteuses, et beaucoup d'exploitations n'offrent aucun danger de grisou.

Dans ces conditions, y a-t-il lieu de donner de nouvelles garanties aux ouvriers mineurs, et convient-il de créer un organisme non seulement nouveau mais exceptionnel, dans le but de les mieux protéger contre les accidents inhérents à leurs travaux ? Jusqu'à ces derniers temps la question ne s'était même pas posée. On avait d'autant moins songé à placer les mineurs dans une situation à part et en quelque sorte privilégiée, que la jurisprudence n'a jamais hésité à les faire bénéficier du droit commun en matière de responsabilité civile. Leurs relations avec leurs patrons sont régies par les articles 1382 et suivants du code civil ; si des accidents leur arrivent et qu'ils prouvent que le propriétaire de la mine ou ses préposés sont en faute, ils ont droit à une indemnité. Leurs intérêts sont donc sauvegardés, aussi bien que ceux de tous les salariés.

Quoi qu'il en soit, la chambre syndicale des mineurs de Saint-Étienne ayant, au mois d'octobre 1882, émis la prétention que le soin de veiller à leur propre sécurité devait être remis aux ouvriers, et qu'il fallait donner à des délégués choisis par eux le droit de visiter chaque mois les mines et de rédiger les procès-verbaux en cas d'accident, un certain nombre d'hommes politiques s'empressèrent de patronner et de s'approprier ces revendications. Deux propositions de loi tendant à l'institution de délégués mineurs furent en effet déposées au mois de novembre 1882 sur le bureau de la Chambre des députés par MM. Waldeck-Rousseau, Reyneau et plusieurs autres de leurs collègues. On procéda à une enquête, et les représentants des Sociétés minières furent unanimes à repousser l'innovation projetée. La Chambre, puis le Sénat ne l'adoptèrent pas moins. Toutefois différentes modifications ayant été apportées par cette seconde assemblée au texte voté par les députés, le projet de loi revint devant la Chambre. Les directeurs des principales Sociétés de mines ont été appelés de nouveau à produire des observations, et leurs dépositions n'ont pas fait ressortir avec moins de netteté en 1886 qu'en 1883 les multiples inconvénients que produirait la création de délégués mineurs. Ils ne sont point parvenus cependant à changer l'opinion de la Commission compétente, et un nouveau rapport favorable à cette création a été rédigé au mois de juillet dernier par l'honorable M. Guillaumou. Le projet de loi peut d'un jour à l'autre venir en discussion. Il est donc opportun de rechercher quelle en est la valeur et quelles en seraient les conséquences.

D'après l'article 1er, il y aurait dans toute exploitation

de mine ou de carrière un délégué et un délégué suppléant ; et si une exploitation occupait plus de 250 ouvriers au fond, un arrêté préfectoral pourrait la diviser en sections, ayant chacune un délégué et un délégué suppléant. Ces délégués, en vertu de l'article 2, devraient, au moins deux fois par mois, visiter tous les chantiers, galeries et travaux de l'intérieur ; ils devraient en outre procéder à la constatation des accidents survenus dans les travaux. Les dispositions que nous venons de reproduire constituent la partie la plus importante du projet de loi ; étudions-les immédiatement.

Au dire des partisans du projet, l'institution des délégués mineurs serait justifiée par la nécessité de diminuer le nombre des accidents dans les mines, et elle atteindrait infailliblement ce but, puisque les ouvriers sont les plus intéressés à rechercher et à faire disparaître toute cause de danger. Nous soutenons, au contraire, qu'il faut voir dans cette affirmation une illusion et un prétexte. Une illusion, car on ne persuadera à aucun homme sensé que les délégués nommés par les ouvriers auront plus de compétence et plus de vigilance que les maîtres mineurs, les porions et les chefs de poste pour prévenir des accidents qui, nous l'avons montré, ne menacent pas les surveillants moins que les mineurs. Le danger, quand danger il y a, est égal pour les uns et les autres, et si par hasard un ouvrier découvre le premier une menace d'éboulement ou d'explosion, il suffit qu'il signale le fait pour qu'on se hâte de prendre les précautions nécessaires. Au surplus, ainsi que l'a établi le directeur général des mines d'Anzin, M. Guary, devant la Commission de la Chambre, « quand on étudie les relevés des causes d'accidents dans les mines, on voit que sur 1,000 accidents, il y en a 995 qui ont été fortuits, c'est-à-dire qui se sont produits dans des conditions telles qu'une visite faite un jour, quelquefois même une heure, avant la catastrophe, n'aurait pas permis de les prévenir et par suite de les éviter. Ce sont des éboulements de pierres sans liaison avec la stratification, de blocs de charbon pendant le havage, des chutes d'ouvriers dans les plans inclinés, etc. Les explosions de grisou sont très rares en France. » Les statistiques du ministère des travaux publics démontrent en effet que les accidents, pour la presque totalité, sont imputables à des causes fortuites. En quoi l'institution des délégués mineurs aura-t-elle de l'influence sur cet état de choses, qui tient aux conditions mêmes de l'exploitation normale des mines ?

Ceux qui réclament cette création paraissent bien se rendre compte qu'au fond son utilité sera nulle au point de vue de la protection des ouvriers, mais ils se gardent de l'avouer, car ils ont besoin de dissimuler le véritable but qu'ils poursuivent. Ce but est double. Ils pensent tout d'abord que par esprit de camaraderie, par désir de popularité, par suite aussi de la solidarité qui lie l'élu aux électeurs, le procès-verbal du délégué mineur, chaque fois qu'un accident se sera produit, sera favorable à l'ouvrier et contraire à la Société minière, autrement dit qu'il présentera les faits de manière à engager la responsabilité du propriétaire de la mine. Aujourd'hui, comment les choses se passent-elles ? Aussitôt qu'un accident arrive et qu'il a été signalé à l'ingénieur de l'Etat, celui-ci se rend dans la mine, il visite le théâtre de l'accident, il interroge, conformément aux prescriptions d'une circulaire du 30 avril 1883, chaque témoin séparément, il s'informe des circonstances auprès du blessé, enfin il consigne dans un rapport tous les renseignements obtenus et sa propre appréciation. Comme nous l'avons dit, il est obligé le plus souvent, étant données les circonstances, de constater que l'accident est dû à un cas fortuit. Eh bien ! c'est là ce qu'on veut éviter, grâce à la réforme projetée. « S'il y avait des délégués, a dit dans l'enquête le principal instigateur du mouvement en faveur de l'institution des délégués mineurs, le sieur Michel Rondet, secrétaire de la Fédération des mineurs de France, s'il y avait des délégués, il n'en serait pas de même. Le délégué dirait : Ce n'est pas un cas fortuit ; ce n'est pas la faute de l'ouvrier, mais la faute de la tâche que la Compagnie a imposée à l'ouvrier. L'ouvrier y est obligé pour gagner son salaire, par conséquent il est poussé au suicide... Nous avons la prétention de dire que sur 1,000 accidents, 995 sont imputables aux Compagnies. » Il n'est pas besoin d'insister sur la gravité de cet aveu.

Mais ce n'est pas tout : le second but qu'on se propose d'atteindre, est de fournir le moyen aux représentants des ouvriers mineurs de s'immiscer dans la direction de la mine, de critiquer le mode d'exécution des travaux et au besoin d'en réclamer un autre. A cet effet, on leur donne le droit, à la suite des visites qu'ils doivent faire chaque mois dans tous les chantiers, de consigner leurs observations sur un registre, observations qui pourront porter sur les procédés d'abatage, sur les dimensions des galeries, la force du boisage, etc. Les délégués seraient donc les surveillants de l'exploitation, et on comprend aisément le trouble qui résulterait de ce droit d'inspection confié aux élus du personnel ouvrier. Ceux-ci en arriveraient vite à proscrire certaines méthodes jugées utiles par les ingénieurs et à rendre impossible le travail dans les mines ou parties de mines dans lesquelles des accidents d'une certaine nature se seraient produits. Les mineurs qui ont déposé devant la Commission de la Chambre n'ont pas caché du reste que cela se produirait. Ainsi, parlant d'un procédé d'abatage qui est employé dans beaucoup de mines et qui a l'avantage de diminuer les frais d'extraction du charbon, Michel Rondet a dit : « Nous n'entendons pas empêcher les Compagnies d'exploiter par souscavation ; mais nous ne voulons pas, si un accident se produit dans ces conditions, que l'ingénieur dise : cas fortuit. La sous-cave est une méthode d'exploitation très dangereuse; nous voulons que le délégué dise : l'accident est arrivé par la sous-cavation... En frappant les Compagnies, elles tiendront mieux compte des observations que les délégués auront écrites sur le registre. » L'intervention des délégués dans la conduite des travaux sera, on le voit, une cause d'anarchie et une atteinte perpétuelle à l'autorité de la direction.

La crainte de jeter le désordre dans le personnel des exploitations minières devrait suffire pour entraîner le rejet des propositions que nous examinons. Il est impossible, en effet, que quand les ouvriers auront des délégués qui parleront en leur nom et qui se croiront tenus de soutenir leurs intérêts vrais ou faux, ils conservent longtemps l'esprit de discipline et d'obéissance. Ils discuteront les mesures adoptées par les ingénieurs et les ordres donnés par les maîtres mineurs, porions et chefs de poste. Des conflits seront perpétuellement à craindre et la grève sera une menace permanente. Comment dans ces conditions l'industrie fera-t-elle pour vivre et prospérer? Elle n'est déjà que trop atteinte par l'avilissement des prix, la hausse de la main-d'œuvre et la concurrence étrangère. Que l'on prenne garde de la décourager tout à fait, car l'abandon ou la restriction des exploitations de mines atteindrait la population ouvrière encore plus gravement que les possesseurs du capital. Il vaut assurément mieux pour les mineurs conserver leur gagne-pain, que de savoir des camarades investis du soin de veiller à leur sécurité, qui dans l'état actuel est parfaitement garantie.

Il sera facile d'ailleurs aux ouvriers mineurs de conférer à l'un des leurs un titre que rechercheront sans nul doute les beaux parleurs et les esprits brouillons; mais leurs suffrages ne donneront au délégué aucune lumière nouvelle. Comme l'a écrit M. Aguillon dans son traité de la législation des mines, « il faudrait méconnaître les premiers éléments de l'art des mines pour croire que l'ouvrier le plus habile dans sa spécialité recevra, de par la grâce efficiente de l'élection, cette compétence générale en matière d'exploitation des mines, qui peut seule permettre de se prononcer en connaissance de cause dans les questions que cette exploitation soulève. Qu'un boiseur soit à même d'apprécier aussi bien qu'un ingénieur si un cadre a été bien ou mal posé, nous l'accordons volontiers; mais ce sont là de ces menues questions du travail professionnel qui n'ont qu'un intérêt individuel, peut-on dire, et non de ces questions qui intéressent l'ensemble des ouvriers et constituent les dangers réels inhérents à l'exploitation des mines, tels que ceux résultant des vices dans l'assiette générale des travaux, dans la méthode d'exploitation ou dans l'aérage. »

Enfin, il est une hypothèse qu'il faut envisager. Les délégués mineurs se renfermeront-ils strictement dans l'accomplissement de leur mission? Ne s'occuperont-ils que de parer aux accidents? Ou bien ne chercheront-ils pas à grandir leur rôle, et ne profiteront-ils pas de l'influence due à leur élection pour se mêler des questions de salaires, pour protester contre le renvoi de tels ou tels ouvriers, et demander le départ de tel ingénieur ou de tel surveillant? En d'autres termes, la force même des choses n'amènera-t-elle pas un trop grand nombre de délégués à se comporter comme des meneurs et des fauteurs de troubles? Dans son rapport, M. Guillaumou affirme « que c'est là une supposition gratuite », et il exprime l'espoir « que grâce à l'instruction largement répandue par le gouvernement républicain, le moment n'est pas éloigné où tous les ouvriers, répudiant certaines théories qui ne endent rien moins qu'à fausser leur esprit, sauront repousser, comme ils méritent de l'être, les appels à la guerre sociale. » Rien de mieux, mais pour le moment la concorde entre le capital et le travail est loin d'être parfaite, et la prudence veut qu'on évite ce qui est de nature à la compromettre.

Aussi bien les exploitants de mines n'ont-ils pas caché leurs alarmes, au sujet des agitations et des grèves que, suivant eux, ne manquera pas de produire l'intrusion fatale des délégués mineurs sur le terrain industriel. C'est même là leur principale préoccupation : avec la connaissance qu'ils ont des tendances de la classe ouvrière, ils redoutent que beaucoup de délégués ne suscitent des désordres. Et il faut avouer que ces craintes ne sont pas chimériques, car l'expérience de ce que peut produire l'intervention des délégués mineurs a déjà été faite, et les résultats en ont été déplorables. En effet, au lendemain de la Révolution de 1848, les ouvriers mineurs du bassin de la Loire ont, de leur propre initiative, élu parmi eux des délégués auxquels on donna le nom de Présidents de puits. Chargés de représenter leurs camarades, ils multiplièrent les démarches et les réclamations auprès des ingénieurs et des directeurs ; d'un autre côté, es ouvriers se faisaient un point d'honneur d'appuyer leurs mandataires, et ils menaçaient sans cesse de ne plus descendre dans les mines. Bref, ce fut pendant plusieurs mois la désorganisation du travail, et nul ne peut répondre que les choses se passeraient mieux aujourd'hui.

Le législateur ne saurait trop hésiter, avant de se lancer dans la voie des mesures exceptionnelles. Or, on ferait incontestablement aux ouvriers mineurs une situation à part et privilégiée, en les admettant au contrôle des travaux, à la surveillance de l'exploitation. Même si l'on suppose à leurs délégués les intentions les plus sages, il n'en est pas moins contraire au bon ordre, qu'au moindre accident survenu dans une mine, ces hommes qui la veille recevaient des ordres, deviennent les juges de la capacité et de la prudence de leurs chefs. Dans aucune autre profession les salariés n'ont un pareil droit. La création de délégués mineurs serait donc l'établissement d'un privilège, et ceux qui la demandent perdent de vue que dans une démocratie il faut un droit égal pour tous, mais de privilège pour personne.

L'institution de délégués mineurs ne créerait pas seulement un privilège au profit des ouvriers employés dans l'industrie minérale, en leur donnant un droit de contrôle sur les propriétaires de mines ; elle introduirait en outre une perturbation profonde dans une branche importante de l'administration publique. L'on sait en effet que la surveillance des exploitations minières est, dans l'intérêt général, confiée aux ingénieurs de l'Etat. Ceux-ci peuvent intervenir dans l'exploitation des mines, soit afin d'assurer la conservation des substances minérales en empêchant qu'elles ne soient compromises par des modes d'extraction abusifs ou vicieux, soit afin de protéger contre tous dangers les propriétés de la surface; il leur appartient aussi de veiller à la sécurité du personnel employé dans les exploitations souterraines. En vue d'atteindre ce triple objet, des pouvoirs très étendus leur ont été conférés par les lois et les règlements. Mais que deviendra leur autorité, comment s'exercera-t-elle, quand, parallèlement à cette autorité, fonctionnera la surveillance des délégués mineurs? Il est fatal que les élus des ouvriers se considèreront souvent, à raison même de leur ignorance et de leurs préjugés, comme les rivaux des ingénieurs de l'Etat et comme ayant en quelque sorte le devoir de prendre le contre-pied de leur avis. De là des objections, des dénonciations et finalement des conflits. Les ingénieurs auront donc à tenir compte des bonnes ou mauvaises dispositions des délégués, et pour éviter des dissentiments auxquels prendrait part peut-être la population ouvrière, pour s'épargner à eux-mêmes des difficultés, ils seront tentés de ne pas insister sur leur propre opinion et de fermer les yeux sur bien des choses. La surveillance éclairée et impartiale qu'exercent aujourd'hui les ingénieurs, se trouvera par suite affaiblie ; elle sera moins libre et plus timide. Il pourra même arriver qu'elle soit moins vigilante, car une surveillance partagée se sent moins responsable. L'institution que nous combattons tournera donc au détriment des ouvriers, et leur sécurité ne sera plus aussi efficacement garantie.

Quoi qu'il en soit, tout homme qui n'est pas abusé par les plus étranges illusions, doit admettre qu'il se rencontrera des délégués mineurs qui abuseront de leur situation officielle et qui entreront en lutte avec les propriétaires de mines, ou bien avec les ingénieurs de l'Etat. Le projet de loi voté par la Chambre des députés ne contenait aucune disposition de nature à parer à ce danger. Mais le Sénat s'en est ému ; il a en conséquence introduit dans le projet de loi un article portant que tout délégué pourra être supendu de ses fonctions pour une durée de trois mois par le préfet, et révoqué par décision du ministre des travaux publics. On n'a pas cru, lit-on dans le rapport de M. le sénateur Béral, « que l'Administration pût rester complètement désarmée à l'égard de délégués qui transformeraient le caractère de leur mission et abuseraient de leur mandat pour susciter des difficultés, provoquer des conflits dont les conséquences pourraient être des plus fâcheuses et des plus graves. » La Commission de la Chambre des députés propose d'adopter cette disposition, tant est impérieuse la nécessité de faire sentir aux délégués qu'ils ne seront pas absolument libres d'agir comme bon leur semblera. Mais le droit de suspension et de révocation ainsi conféré à l'administration sera en pratique illusoire, car le pouvoir central craindra, en frappant un délégué, de lui donner encore plus d'influence sur ses camarades et de pousser ceux-ci à faire cause commune avec lui. Le délégué élu en remplacement de celui qui aurait été révoqué, ne serait-il pas d'ailleurs presque inévitablement animé des mêmes passions? Non, il faut le reconnaître, l'arbitraire administratif est de nos jours impuissant, quand il ne grandit pas ceux qu'il atteint, et ce n'est pas de ce côté qu'on trouvera des garanties pour maintenir les délégués dans l'accomplissement de leurs devoirs.

Il serait au contraire d'une réelle importance de régler avec une certaine rigueur les conditions auxquelles les mineurs pourront participer à l'élection des délégués, et celles que devront remplir les candidats pour être éligibles. Les exploitants ont parfaitement compris que l'électorat et l'éligibilité ne devraient pas appartenir à tous ceux qui travaillent ou qui ont travaillé dans les mines. Ils ont demandé en conséquence que les ouvriers du fond pussent seuls voter, qu'ils ne fussent électeurs qu'à vingt-cinq ans et qu'ils eussent à justifier d'être attachés depuis deux ans à l'exploitation; en ce qui concerne les éligibles, ils ont insisté pour que les délégués fussent âgés d'au-moins trente ans et justifiassent qu'ils sont employés depuis trois ans dans les exploitations du bassin; ils voudraient surtout que l'on refusât l'éligibilité aux anciens mineurs et anciens ouvriers. Ils ont exposé à l'appui de ces propositions que les électeurs, pour faire de bons choix, doivent avoir quelque maturité d'esprit et l'expérience des travaux; d'autre part, que les délégués ne seront en état de prévenir les accidents que s'ils connaissent la mine depuis un certain temps; enfin que les anciens ouvriers, n'étant plus au courant de l'avancement des galeries et des modifications continuelles qu'amène dans l'exploitation le progrès des travaux, ne pourront jamais donner un avis utile. Ils ont ajouté que les ouvriers du fond étant seuls exposés aux dangers qui résultent du travail souterrain, il n'y a aucune raison pour que les ouvriers du jour soient électeurs comme eux; et, qu'à moins de vouloir favoriser les candidatures d'ouvriers renvoyés pour indiscipline ou imprudence, animés à cause de cela même d'une malveillance aveugle à l'égard des Compagnies minières, il ne fallait pas attribuer l'éligibilité aux anciens mineurs. Ces raisons paraissent décisives ; cependant elles ont été écartées par la Chambre des députés et le Sénat, et d'après le projet qui est soumis actuellement à la Chambre, les ouvriers mineurs tant du fond que de l'extérieur, âgés de vingt et un ans, seront électeurs, pourvu qu'ils figurent sur la dernière feuille de paie dressée avant l'arrêté préfectoral de convocation ; d'un autre côté seront éligibles les mineurs et anciens mineurs âgés de vingt-cinq ans, travaillant depuis un an ou ayant travaillé un an dans l'exploitation.

Cet ensemble de dispositions est contraire à l'intérêt véritable des ouvriers; la plus regrettable est certainement celle qui permet aux mineurs de choisir pour délégués des hommes étrangers à la mine où eux-mêmes sont occupés. Ainsi que l'a dit dans l'enquête M. Villiers, directeur de la Société des houillères de Saint-Étienne, « les ouvriers mineurs ne connaissent bien que leur mine, et encore si on les sort d'une couche mince pour les mettre dans une couche plus puissante, ont-ils une nouvelle école à faire. Autant d'exploitations autant de choses différentes. » En outre, on sait par expérience que d'anciens mineurs devenus cabaretiers ou petits marchands exercent parfois sur la population ouvrière une influence funeste, qui deviendra d'autant plus grande s'ils sont investis du mandat de délégué. Le législateur agirait sagement en adoptant les propositions des exploitants de mines relatives à la nomination des délégués; c'est la seule chance qu'on ait d'écarter les meneurs et les politiciens de bas étage.

Comment les délégués mineurs exerceront-ils leurs attributions ?

Ce point est très important à bien régler, car suivant qu'on autorisera les délégués à consacrer plus ou moins de temps à leurs visites et constatations, ils resteront des ouvriers ou au contraire ils cesseront d'être des travailleurs, sous prétexte de vaquer à leurs devoirs de surveillance. Il a paru suffisant à la Chambre et au Sénat que les délégués employassent, chacun dans sa circonscription, deux jours par mois à la visite des travaux intérieurs de la mine. Si cette disposition était maintenue, les délégués n'auraient donc qu'une journée par quinzaine pour inspecter les chantiers et galeries de leurs circonscriptions respectives. Le reste du temps ils devraient travailler comme leurs camarades; ils resteraient de véritables mineurs et subiraient jusqu'à un certain point l'influence de la compagnie qui les emploierait. Nous montrerons tout à l'heure que les syndicats ouvriers protestent avec énergie contre la solution qui précède, et la commission qui a en dernier lieu étudié le projet de loi leur donne en grande partie satisfaction. Elle admet que les délégués auront le droit de visiter au moins deux fois par mois et plus souvent, s'ils le jugent à propos, les chantiers, les galeries, les travaux intérieurs, les appareils servant à la circulation des ouvriers. Avec une semblable rédaction, il sera facile à un délégué d'employer toutes ses journées à des vérifications; un jour il visitera telle galerie, le lendemain telle autre, puis après s'être occupé des appareils, il reviendra faire des constatations dans les chantiers qu'il aura parcourus peu de jours auparavant. De cette façon, la fonction de délégué mineur deviendra une profession distincte de celle d'ouvrier dans les mines, elle sera loin d'être pénible et procurera aux habiles qui sauront l'obtenir un moyen commode de vivre à ne rien faire.

La loi projetée décide en effet, que les délégués mineurs seront payés, et en outre qu'ils seront payés par les exploitants des mines, suivant un tarif que fixera le préfet sur l'avis des ingénieurs de l'État. Logiquement cette solution est insoutenable, car, de deux choses l'une : ou l'institution des délégués mineurs est commandée par l'intérêt général, et en ce cas ce traitement devrait être à la charge de l'État; ou elle n'a pour objet que de répondre aux désirs des ouvriers, et alors le salaire des délégués devrait être acquitté par les ouvriers mineurs, soit au moyen d'une retenue mensuelle sur le montant de leurs journées, soit au moyen d'un prélèvement sur les ressources de leurs caisses de secours. Mais si les délégués étaient payés par l'État ils formeraient une nouvelle classe de fonctionnaires, et personne n'ose aujourd'hui proposer d'augmenter le nombre des fonctionnaires; en outre, dans l'état actuel des finances publiques, il ne saurait être question de mettre à la charge du Trésor une dépense nouvelle. D'un autre côté, des Chambres animées d'aspirations démocratiques et désireuses de faire une loi qui satisfasse la nombreuse population des mineurs, ne voteront jamais une disposition qui imposerait aux ouvriers l'obligation de payer leurs délégués. Le seul système acceptable en pratique est donc, nous le reconnaissons et dans l'enquête les exploitants ont été près d'en convenir également, celui qui force les propriétaires de mines à rémunérer les délégués mineurs. Mais on avouera que ce système, qui fait payer aux patrons les frais d'une surveillance qu'ils déclarent inutile et qui s'exercera dans l'intérêt exclusif de leurs ouvriers, constitue une anomalie. Du moins faudrait-il, conformément au projet qui a reçu l'approbation du Sénat, limiter à deux journées par mois le temps que les délégués pourront consacrer à la visite des chantiers et travaux.

En sanctionnant l'institution des délégués mineurs, le Parlement réaliserait une innovation qui n'a son analogue dans aucun autre pays, sauf l'Angleterre. Ni en Allemagne, ni en Autriche, ni en Belgique, en Espagne ou en Italie, les ouvriers des mines n'ont le droit de choisir parmi eux des représentants chargés de la surveillance des travaux. D'un autre côté, s'il existe des délégués mineurs dans la Grande-Bretagne, les Anglais ont su en cette matière éviter tout abus. La loi sur les houillères du 10 août 1872 permet en effet aux ouvriers mineurs de confier à deux d'entre eux la visite de la mine, mais elle stipule que cette vérification se fera aux frais des ouvriers, et qu'elle n'aura lieu qu'une fois par mois. En outre elle évite de rendre obligatoire la nomination des délégués; elle se borne à donner aux mineurs la faculté de procéder à cette nomination. Les résultats de la loi ont été ceux qu'on pouvait attendre; on n'a élu de délégués que dans un petit nombre de mines, là où leur intervention a paru utile, mais partout où les exploitations sont bien conduites et où les ouvriers reconnaissent que les propriétaires prennent, en vue de garantir leur sécurité, les précautions désirables, ils ont évité la dépense que leur occasionnerait inutilement la visite mensuelle de deux de leurs camarades. Une autre considération les arrête encore : c'est que l'inspection des délégués est de nature à les empêcher parfois d'obtenir des indemnités en cas d'accident ; si par exemple, un éboulement ou une explosion se produit au lendemain d'une visite faite par les représentants des ouvriers mineurs, les tribunaux anglais décident que la responsabilité de la compagnie n'est pas engagée, en se fondant sur ce que le rapport des délégués avait constaté que la mine était en bon état.

On voit combien la législation adoptée par le Parlement d'Angleterre diffère de celle qu'on nous prépare en France. Les hommes politiques qui appuient la création de délégués mineurs s'imaginent sans doute répondre aux vœux des électeurs qu'occupe l'industrie minérale. Peut-être se font-ils des illusions à ce sujet, car non seulement tous les directeurs de mines qui ont déposé à l'enquête, mais encore plusieurs ouvriers ont déclaré que la grande masse des mineurs était profondément indifférente au sort de la loi projetée; il paraîtrait que beaucoup d'ouvriers considèrent qu'elle n'a pas d'autre but que de donner de l'importance et de procurer une situation lucrative à ceux d'entre eux qui aiment à se mettre en avant, à ceux qui se font spontanément les porte-paroles des camarades. Mais une autre difficulté se présente, difficulté bien propre à décourager la bonne volonté dont ont témoigné dans cette affaire tant de députés et de sénateurs ; le projet de loi est repoussé comme insuffisant et illusoire par les chambres syndicales de mineurs; dans le sein desquelles il soulève une vive opposition.

Dès 1883, aussitôt qu'on a su que le législateur se montrait favorable à l'institution des délégués mineurs, la fédération des chambres syndicales et un congrès corporatif tenu à Saint-Étienne ont protesté contre l'organisation qui semblait avoir la faveur de la majorité parlementaire. Ils ont soutenu que les délégués devaient cesser de travailler, qu'ils devaient posséder un droit de surveillance portant sur 4, 5 ou 6 puits, qu'ils devaient prêter serment comme les gardes-mines, enfin qu'ils devaient toucher un traitement annuel sur les fonds de l'État. Les mêmes idées ont été défendues au nom des chambres syndicales dans l'enquête à laquelle il a été procédé en 1886.

Au dire des représentants de ces chambres, il faut qu'il n'y ait pas un délégué par chaque exploitation de mine, comme le décide le projet de loi, mais que la circonscription de chaque délégué comprenne plusieurs puits et 2,000 ouvriers travaillant à l'extraction ou employés au fond attendu « qu'il serait difficile de trouver par 200 ouvriers un délégué sachant lire, écrire et connaissant tous les genres de travaux de la mine, car les hommes qui travaillent dans la mine ne sont pas les plus intelligents parmi les ouvriers, il y a là une difficulté pour le choix d'un délégué, tandis qu'il est plus facile de trouver un délégué par puits ou par plusieurs puits. » Il faut surtout que le délégué n'ait plus à travailler dans la mine, qu'il ne dépende plus de la compagnie, et qu'il ne soit pas payé par elle ; sans cela, il ne sera pas indépendant. En effet, « comment un ouvrier employé par la compagnie pourrait-il s'entourer des renseignements nécessaires ? Il pourra constater que certaines contrées de la mine sont en mauvais état, et vous comprenez bien que dans ces conditions la compagnie lui fera des misères, non pas directement, mais indirectement, en lui faisant faire des tâches qui l'obligeront à quitter la mine.... Je suppose qu'un ouvrier soit nommé délégué ; il fera deux journées par mois, pour lesquelles on lui paiera 10 ou 15 fr. Il ne pourra pas vivre avec cette somme et il devra travailler comme ouvrier le reste du mois. Eh bien, la compagnie le trouvera souvent en faute, autant qu'elle le voudra, et elle ne tardera pas à lui dire : va-t'en gagner ton pain ailleurs. Il n'y aura pas de délégué possible ». Un membre de la commission ayant demandé aux mineurs qui comparaissaient devant elles s'ils considéraient la loi comme inutile dans le cas où le délégué mineur n'aurait pas un traitement mensuel payé par l'État, la réponse a été celle-ci : « mieux vaut ne pas avoir de délégué, s'il doit être sous la coupe de la compagnie, s'il ne doit pas être indépendant, car il fera toujours son rapport en faveur de la compagnie et l'ouvrier blessé n'obtiendra rien. Si au contraire il signale comme la cause de l'accident, par exemple, la défectuosité du boisage, il recevra de suite son livret, la compagnie le renverra. »

Il est vrai que le projet de loi dont est saisie la Chambre des députés ne fait pas droit sur ce point aux aspirations des chambres syndicales. Mais celles-ci persévèrent dans leurs revendications, et un congrès de mineurs qui vient de se tenir au mois de février dernier dans la ville de Saint-Étienne, a demandé que les délégués soient attachés à une circonscription étendue et qu'ils aient uniquement à se consacrer à leur besogne de surveillance. Les syndicats ouvriers tiennent à ce que les délégués mineurs, afin de mieux en imposer aux exploitants et aux ingénieurs de l'État, soient de gros personnages et qu'ils puissent se targuer d'être les représentants de milliers de mineurs. Des amendements en ce sens ont été déposés par plusieurs membres de l'extrême-gauche, MM. Basly, Laguerre, Millerand et autres. Si ces amendements sont adoptés, ils rendront la loi encore plus dangereuse ; s'ils sont repoussés, ceux qui parlent au nom des ouvriers mineurs considéreront qu'on n'a rien fait de sérieux.

En vérité, le législateur devrait se refuser à adopter un projet de loi que redoutent les propriétaires de mines et dont ne sera pas reconnaissante la population ouvrière. Mais il y a un motif plus élevé qui suffit pour entraîner le rejet de la loi sur les délégués mineurs : c'est qu'il n'est pas sage de soumettre une grande industrie à un ensemble de dispositions dont les avantages sont loin d'être démontrés, dont au contraire les périls sont indéniables, et qui pour le moins constitueraient une expérience très hasardeuse.

Ch. Gomel.

IMPRIMERIE CHAIX. — RUE BERGÈRE, 20, PARIS. — 6514-7.

IMPRIMERIE CHAIX, 20, RUE BERGÈRE, PARIS. — 6802-7.

www.ingramcontent.com/pod-product-compliance
Ingram Content Group UK Ltd.
Pitfield, Milton Keynes, MK11 3LW, UK
UKHW020446220726
13923UKWH00005B/2375